HACIENDO TU PROPIO

NEGOCIO

EDR BOOKS
NUEVAS TENDENCIAS GERENCIALES
R. A. D. RIVAS

DEDICATORIA

Dedico este libro, ***COMO HACER TU NEGOCIO***, a todos los emprendedores que han visto llegar ese momento de hacer un negocio propio. A lo largo del tiempo hemos dedicado nuestros conocimientos al desarrollo de empresas de otras personas y ahora estamos en nuestras propias empresas, desde esta perspectiva resulta muy gratificante poder colocar un grano de arena en los ánimos de esos emprendedores, a través de esta obra que les brinda una guía que los llevará con más seguridad en el recorrido hacia el logro de sus objetivos. Lo mejor para nosotros es cuando cada emprendedor se consagre obteniendo el éxito de su negocio y pensando en esta obra que alguna vez consultó. A ellos nuestra dedicatoria. Y siempre el agradecimiento a Dios, a mi esposa, a mi hijo, a mis padres y toda mi familia, porque todos han contribuido a mi crecimiento personal, **GRACIAS POR SER Y POR ESTAR.**

R. A. D. RIVAS

COMO HACER TU PROPIO NEGOCIO

CONTENIDO

Dedicatoria_____ 2

Capítulo 1   Key Points, Puntos Clave_____ 4

Capítulo 2   Franchaise, Franquicia_____ 16

Capítulo 3   The Partnership, La Sociedad _____ 25

Capítulo 4   The Pilot Test, La Prueba Piloto_____ 36

Capítulo 5   The Launching, El Lanzamiento_____40

Capítulo 6   Starting, Comenzando_____ 44

Agradecimientos al lector_____48

Glosario_____ 49

CAPITULO 1

KEY POINTS
PUNTOS CLAVES
Para gestionar tu negocio

KEY POINTS, PUNTOS CLAVES, para gestionar tu negocio.

- **Customizar, planificar centrado en tus clientes;** es necesario tomar en cuenta el criterio de adaptarse al cliente. Antes de iniciar tu negocio, debes invertir tiempo de tu agenda para analizar tu target o lo que se lee igual: quien será tu clientela y en ese sentido adaptar el plan para que concuerde con la mejor idea que pueda realmente satisfacer las necesidades de tu cliente.

- **Trata a tu cliente como persona: hazle ver que tomas en cuenta su importancia y estarás ganando ese espacio en sus opciones.** Proyecta a tu cliente como una persona, no como un concepto. El concepto al que hacemos referencia es el término Mercado, que finalmente es donde quieres ubicar tu negocio, el mercado es solo un concepto, es etéreo, es decir como tal no existe; lo que existe es un grupo de personas verdaderas con un contexto humano real y deben ser tratadas como tal, si logras demostrar este respeto y le brindas un trato personalizado (este trato personalizado es posible con un manejo adecuado de las redes sociales), podrás hacer llegar a tu clientela que la estimas como persona, cada una es diferente de otra, únicas, con gustos y decisiones individuales.

- **On Trending: En tendencia dicho en español.** El término tendencia crece con mayor firmeza, ya que su existencia es más perdurable en el tiempo, por lo que se debe seguir una tendencia y no una moda; ya que la moda es un movimiento que se genera con situaciones actuales y si bien se repite, también es algo efímera, pasa con las temporadas, son comparables con las estaciones climáticas. Desde otro punto de vista, pero en el mismo sentido, están las tendencias, que suelen ser más sólidas aparecen apuntaladas con acontecimientos actuales, pero van acompañadas de mayor firmeza en sus movimientos y se van desenvolviendo en años o décadas, según la aceptación de la estructura social.

- **Asumir el Liderazgo: Se trata de que tu clientela perciba tu liderazgo.** Esto lo puedes lograr demostrando que eres el mejor en lo que haces. Cuando tu clientela vea claramente que tienes liderazgo en tu negocio, en ese momento tendrá buenos ojos para lo que ofreces, las personas no quieren comprar o tener relaciones con negocios de segundo renglón. Para asumir el liderazgo, sólo encuentra un nicho, busca o crea un espacio donde puedas ser el primero de tu segmento. Esta parte no hace referencia al tamaño de la empresa, más bien se refiere a cómo proyectas tu negocio.

- **Posicionamiento: Calar la primera posición en la mente de tu cliente.** Lo que realmente importa es como te percibe tu clientela. Si tus clientes piensan en ti primero ya habrás logrado el primer y más importante paso. Se hace imprescindible que la proyección de tu negocio sea lo suficientemente precisa para que te vean como su primera opción. Pudieses tener la mejor calidad en lo que ofreces, pero si no tienes la capacidad de comunicárselo a tus clientes, entonces no serás el mejor, pues, ellos no se están enterando de lo que ofreces.

- **Sé humilde con tu clientela: El éxito en este aspecto se logra si reconoces tus errores y los saldas con prontitud, tener esa humildad genera fidelización de tu cliente.** Tus clientes son el recurso más valioso de tu negocio, gracias a ellos se mantiene y giran las operaciones; Si realmente entregas lo que describes en tus ofertas, si tienes vocación de servicio y le prestas la adecuada atención a la relación con tu clientela, podrás resolver diligentemente cada vez que se presente algún mal entendido o se generen errores. Si el cliente se siente bien atendido estarás fidelizando la relación que tiene con tu negocio.

- **Un mensaje sencillo con una idea muy concreta.** Este concepto una idea concreta en un mensaje sencillo, tendrá mucha fuerza en la mente de tu clientela. Cuando comunicas una idea, en un mensaje muy corto y fácil de procesar, te abrirá la puerta al éxito, porque te estás asegurando de que tu clientela te pueda recordar, para ellos será una razón para estar en sus primeras opciones.

- **Segmentar, no tratar de abarcar el todo: Segmentando lo que ofreces, estarás garantizando el éxito de tu negocio.** Es de suma importancia ubicar tu nicho, y de ser posible especializarte en algo que ofrezcas y que además seas bueno en ello, si dispersas lo que ofreces crearas confusión en tu clientela y ante esta situación incómoda, se irá a otro negocio.

- **Involucrar a toda la empresa: Tu equipo de trabajo marcará la pauta del éxito de tu negocio.** Esto dependerá de alineación de los valores e intereses que integren su creencia y con los valores de la empresa. Es importante que todos conformen un equipo, esto se logra en primera instancia con la integración del grupo de trabajo y, para verse involucrado este equipo debe sentirse identificado con la empresa; en la medida en que tu clientela vea el compromiso de tu equipo de trabajo, esa acción será proporcional a su precepción, es decir será el fundamento para que tu clientela tenga un concepto o una imagen de tu negocio. En cuanto más compenetrados, más identificados y mejor conducta reflejen, así mismo será la imagen proyectada, llena de confianza de calidad, un negocio con un liderazgo genuino.

- **Poseer el soporte financiero para el funcionamiento o replantear el objetivo.** Para asegurar tu objetivo debes planificar con detalle el plazo en que lograrás conseguirlo, basado en los recursos disponibles; si no resulta es necesario cambiar lo ofrecido por una meta alcanzable, esto te hará avanzar. Si te trazas un objetivo debes contar con el soporte financiero suficiente para cumplir con esta misión, de no ser así es claro que se debe replantear el objetivo, cambiándolo por uno alcanzable según la capacidad de funcionamiento que te ofrezca tu soporte financiero.

- **Planificar con flexibilidad contemplando la idea de un segundo objetivo si llegase a fracasar el primero.** La suerte está en trabajar y prepararse para lo que viene, cuando estás preparado estás más cerca de ganar, pero sí el escenario te lleva a un fracaso, estando preparado puedes ganar cuando pierdes, porque esa preparación te hará aprender de esa adversidad, es decir sólo estando preparado ganas en ambos escenarios. La planificación fracasa, cuando no incluye la opción de cambiar el objetivo si el primero se ve imposibilitado de realizarse; Si llega un evento con escena de fracaso, es importante asumirlo y superarlo, también es importante plantarse y tomar en cuenta que al iniciar el emprendimiento no sabemos si vamos a tener éxito o vamos a fracasar en la primera; lo que es de ganadores es estar prevenidos para atender ambos escenarios, si los atiendes con la debida diligencia en ambos casos estarás ganando.

- **Establecer una visión y procurar su viabilidad a lo largo del tiempo.** Triunfa quien se planifica para el largo plazo, se mantienen porque su plan contempla los posibles cambios que se pudiesen presentar. Se requiere de tiempo para posicionarse en la mente de tu clientela, no sucederá por una mayor inversión, o por una mega campaña; para logar calar como la primera opción en la mente de tu clientela de una manera sólida se trata del tiempo o el plazo natural para el proceso, y se puede lograr con una campaña y una inversión publicitaria adecuadas, sin excedentes. Lo que realmente no se puede modificar son los procesos naturales; Por esta razón es recomendable trazar una visión y mantenerla a largo plazo, esto garantizará la presencia del negocio en las opciones de tu clientela.

- **Formarse y no plagiar.** Lograrás el éxito si logras aprender de otros sin necesidad de imitarlos o copiarlos fielmente. No trae ningún beneficio plagiar, si te planteas hacer una copia de otro negocio, pero más barato, tendrás dos cosas seguras: (1) no serás igual al original y (2) terminarás en el olvido. Si te planteas tu propia formación crecerás con tus aciertos y desaciertos, sabrás siempre como superarte a ti mismo, eso es ser genuino.

- **No improvisar para sobresalir.** Para sobresalir lo mejor es innovar basado en la originalidad de tu negocio. Tu clientela te puede reconocer como una de sus primeras opciones, esto es efectivo siempre y cuando te bases en la originalidad de tu negocio; para sobresalir con fuerza y no quedarte atrás debes evitar la improvisación, no es lo mismo que la innovación, trabajando en la originalidad de lo que ofrece tu negocio tendrás asegurado ser distinto, ya te estarán observando.

- **Mercadear para lograr las ventas y permanecer en el escenario.** Se apoderan del éxito aquellos que construyen su camino con ventas desde sus inicios, logran el recorrido y consolidan el objetivo final. Los resultados del mercadeo se obtienen a largo plazo, y debes proyectar tu negocio a largo plazo para poder conquistar la cima; sin embargo, para hacer el recorrido de ese largo plazo se hace imprescindible que existan metas a corto plazo, basado en ventas constantes, esto te dará presencia permanente y así desde tus inicios estarás construyendo el camino hacia el éxito.

CAPITULO 2

FRANCHAISE
FRANQUICIA
Tu negocio y el mundo de las franquicias

FRANCHAISE, FRANQUICIA, tu negocio y el mundo de las franquicias.

Los medios informativos nos indican siempre lo bueno que resulta el modelo de franquicia exponiendo el beneficio y el crecimiento a gran velocidad entre otras bondades, una de las más relevantes es la inversión con capital de terceros y la transferencia del costo de distribución en la cadena logística, son altos costos que si se llevan en una red de este modelo se comparten los gastos entre sus integrantes.

LA FRANQUICIA EN LA REALIDAD

El modelo de franquicia es uno de los mejores métodos para la expansión de la empresa, pero hay que tener en cuenta siempre, que se trata de un negocio de alta ganancia y en la misma proporción es un negocio de alto riesgo; si entras en este modelo ten en cuenta que tu caso no es la excepción de la regla. Sin embargo, se debe decir que casi todos los negocios buenos son franquiciables.

FRANQUICIAR MI NEGOCIO

Un negocio bien concebido, con un producto o servicio de alta calidad, basado en un sistema (mejor si este sistema es exclusivo), ejecutado de manera efectiva y conocido por las personas, es un negocio con mucha viabilidad de ser franquiciable.

Existen franquicias para muchas ramas de negocios, segmentados en diferentes nichos; en rubros como el calzado, la ropa, artículos educativos, servicios gastronómicos, servicio técnico y correo entre muchos otros. Aunque hay mucha variedad, es un acto responsable señalar que no todas las franquicias son exitosas. Es importante tener presentes algunos aspectos como:

- Construir y manejar una red de franquicia, no tiene relación alguna con el hecho de manejar un negocio propio, poseer un buen negocio y dominarlo al detalle no asegura el éxito definitivo.

- En un sistema que no brinda ninguna seguridad jurídica para el franquiciador, el modelo no es viable, en este escenario se convierte en un negocio de muy lento crecimiento y de gran riesgo, se da en países con sistemas tan lentos que la capacidad de respuesta de la administración de justicia casi juega en contra o bien es nula, cuando se refiere al ejercicio de los derechos.

- Los franquiciados suelen ser los mejores aliados de tu negocio cuando se comparten los mismos intereses y las mismas metas; pero siempre acecha el alto riesgo cuando le invaden las ideas de independizarse para hacerse de las ganancias por completo al separarse ya habiendo creado un punto gracias a la franquicia.

- El modelo de franquicia, se plantea como un sistema que hace más viable el logro de los objetivos, esto se traduce en éxito y en mucho dinero ganado, pero, es importante destacar que este modelo de negocio es de alto riesgo y muchas veces lleno de incomodas relaciones entre los asociados, franquiciadores, franquiciados y líderes de operaciones. De modo que, si se realiza un estudio con un buen nivel de detalle, se planifica generosa y sinceramente el emprendimiento: la viabilidad de este modelo puede resultar muy exitoso.

EL DESALIENTO DE LA FRANQUICIA

Para revelar el secreto que involucra a las franquicias en conflictos internos, solo hay que entender, cuál es el criterio del franquiciado; las personas que obtienen una franquicia casi siempre ya vienen con sus propios paradigmas que muchas veces resultan errados, aquí presentamos algunos de los más comunes:

- **COMO FRANQUICIADO: SERÉ MI PROPIO JEFE.**

Esta idea no es para nada verdad, ya que siendo franquiciado no se es libre de mandar y hacer a sus anchas; siempre debe seguir las normas, reglas y directrices que vienen de parte del franquiciador. Esta es una de primeras las razones entre las más comunes que llevan a muchos franquiciados a desalentarse.

- **COMO FRANQUICIADO: GANARÉ MUCHO DINERO.**

Esta premisa es válida, solo si la franquicia es muy buena; en realidad cuando el franquiciado que ha puesto mucho de su empeño para sacar adelante el negocio observa como el franquiciador dispone de la mayoría de esa ganancia (Es la fórmula en que está diseñado este modelo), es en ese momento en que comienza el conflicto; o bien si el franquiciador ve que la ganancia no le deja el dinero suficiente, por lo general no repara en decidir que, el franquiciado debe ganar menos, ya en estos términos son problemas más grandes que los sencillos conflictos por desacuerdos operativos.

- **COMO FRANQUICIADO: NADA ME PUEDE SALIR MAL.**

Muchos franquiciados tienen la idea errada que los lleva a pensar que, si algo sale mal en el ejercicio de su gestión en la franquicia, el franquiciador terminará comprando su parte, haciendo como una especie de salvavidas financiero que salvará ese capital invertido que utilizó para entrar en el mundo de las franquicias. Es por esta razón que muchos conflictos llegan a ser escándalos públicos, para luego terminar aclarando todo en el momento en que se comprende la mecánica y la naturaleza del modelo de franquicias, que estuvo establecido desde el principio en el acuerdo antes de iniciarse en este modelo.

En resumen, el modelo de franquicia, representa una gran oportunidad para sus integrantes, pero es de suma importancia que como todo negocio tiene sus riesgos, no solo en el tema del éxito que lo podemos ver desde el punto de vista de la gestión, también involucra la parte personal y el criterio que pueda tener tanto el franquiciado como el franquiciador, esto tiene mucho peso ya que puede afectar en la toma de decisiones para la dirección del modelo de negocio. Por último, pero no menos importante, el franquiciado y el franquiciador, deben tener siempre presente que una franquicia es un negocio en conjunto, de equipo, no es individual, se trata de una red y así mismo cada cual tiene su posición dentro de la misma. Tener presente estos puntos debe darte una noción de lo que debes saber si decides entrar al modelo de franquicias; El franquiciado debe estar consciente de que al formar parte de este modelo no será libre de mandar a sus anchas, siempre debe seguir las directrices del franquiciador; de igual manera ya sabe que no dispones de todo el dinero que entra como ganancia al negocio, solo te corresponde una parte según lo pautado; y por último si las cosas van saliendo mal, debes asumir la cuota de mando y responsabilidad correspondiente, ya que no habrá ningún salvavidas ni fórmula mágica para salir de los problemas, solo podrán superarse sí son atendidos con prudencia y buen criterio. Lo que si vamos a dejar claro es que la franquicia como modelo, puede resultar en un gran negocio si se toman en cuenta las recomendaciones, además de hacer una buena elección tanto del ramo como de su franquiciador o bien de su franquiciado; y ya que la estructura aplica para ambos, aunque estén en posiciones distintas, igualmente forman parte del modelo y les toca lidiar con los desaciertos que puedan surgir.

CAPITULO 3

THE PARTNERSHIP
LA SOCIEDAD
Las dos caras de la moneda en tu negocio

THE PARTNERSHIP, LA SOCIEDAD, las dos caras de la moneda en tu negocio. Lo ideal es poder hacer un clon de uno mismo, sin embargo, el tener un socio para iniciar un negocio es un trabajo de análisis arduo, solo de esta forma estarías lo más cercano a la viabilidad de lo planificado.

UN ROL PARA CADA SOCIO

El rol de cada socio debe estar bien definido; Se hace necesario aclarar que los socios no mandan en la empresa, la gerencia general la ejerce el director, este emite las instrucciones, y el personal sigue estas directrices o bien las órdenes de su jefe de área, para evitar malos entendidos se debe definir si alguno de los socios tendrá un rol de gerencia o dirección.

Como socio de una empresa se tiene un voto en la junta de accionistas, el peso de este voto da derecho a ejercer como dueño de la empresa, solo en la proporción de la cantidad de acciones que se posea, de la misma manera y en esa misma proporción tendrá derecho a los beneficios de la empresa cuando los hubiere. Si se es bien disciplinado el socio solo podrá ingresar a las instalaciones operativas de la empresa bajo invitación de la gerencia correspondiente.

La importancia de establecer un rol se hace muy necesario para evitar los inconvenientes con personas que se creen dueños de toda una empresa cuando poseen pocas acciones o una parte muy mínima, una cosa es tener algunas acciones y otra es tener la mayoría y ser el voto que controla las decisiones a seguir en la alta gerencia; sin embargo, vale destacar que si se posee la mayoría de las acciones con el mayor peso en las decisiones, de igual manera estas instrucciones serán ejecutadas por la línea de dirección asignada a la que hemos hecho referencia tales como presidentes, vicepresidentes, directores y gerentes; de allí la importancia de dejar por sentado sí alguno de los socios tiene asignado un rol de esta naturaleza.

EN LAS BUENAS Y EN LAS MALAS

Plantea un escenario extremo donde la relación y el potencial de tu socio te ayudasen a resolver las problemáticas de tu negocio, es de suma importancia tomar en cuenta que no todo el mundo tiene el mismo temperamento, y menos el mismo modo de pensar; es de conocimiento público que muchas personas cambian y no precisamente para mejorar cuando están en medio de una controversia que involucra dinero; no sabemos cómo será la reacción del socio en estos escenarios, tampoco se garantiza una solución inmediata o de la mejor manera, si el socio fuese un familiar; lo que se debe tener presente es que tu negocio puede pasar por altibajos y tener dificultades, es lo normal en el mundo empresarial.

EL MEJOR SOCIO

La tarea de hallar un buen socio es un trabajo arduo, no es nada sencillo pero una vez que logres atinar en el punto, es un logro de verdad invaluable. Un socio que se catalogue de bueno es aquel que te va apoyar en los momentos de dificultad, que esté pasando el negocio, este tipo de socio es fiable y por lo general te permite trabajar en sana paz. Para lograr esto no se trata de magia, más bien se hace lo prudente, si no sabes preguntas, queda al alcance de una entrevista, encuesta y hasta estudios psicotécnicos si así lo consideras.

LAS MEJORES PRÁCTICAS

Tomamos de algunas empresas las mejores prácticas para gestionar la actividad societaria, dejamos aquí estos datos que serán de gran utilidad para el inicio de tu negocio:

- **Analiza el tema de la sociedad**

    Para iniciar un negocio con uno o varios socios, nos coloca en una posición de estructura complicada ya que son múltiples los factores a tomar en cuenta; para consolidar dicha alianza lo primero que debes tener presente es, que se trata de una relación a largo plazo con altibajos a superar, lo más parecido a un matrimonio.

- **Apuesta por el perfil no por la afinidad**

    Hacerte socio con un familiar o un amigo, no siempre sale mal si comparten la misma idea y compromiso; pero los momentos de dificultad no suelen resultar de la mejor manera, según la mayoría de los casos, es este aspecto es recomendable guiarte más por el perfil que por la afinidad.

- **Evita asociarte con gente que no conoces**

    Lo que debes tener claro si o si, es que no es para nada buena idea tener de socio a alguien desconocido, ya sabes que el socio perfecto no existe solo debes tratar de acertar con el que mejor se adapte a los intereses de tu negocio incluyendo tus expectativas.

- **Asegúrate de compartir valores similares**

    El largo plazo es la primera característica de esta relación, por lo que cobra relevancia el hecho de que compartan los principales valores, esto será un indicio de que podrán trabajar en armonía; igualmente te dará una idea de que tanto tu socio llegaría a estimar el negocio, como para aportar económicamente en un momento dado.

- **Consigue un socio que te complemente**

    Por lo general los socios forman parte activa en las operaciones del negocio, es aquí donde debes revisar el perfil técnico de tu socio y buscar aquel que te complemente en un área que no manejas o manejes menos, con el objeto de que el negocio se sustente en ambos para salir adelante.

- **Traza una Planificación inicial**

  Es vital para un buen inicio, que realices una planificación con alto detalle y que incluya el giro completo del negocio, pasando por diferentes escenarios y sus posibles soluciones, evaluando la viabilidad de lo que se ofrece, debe poseer el detalle de toda la logística a utilizar en las operaciones, y finalmente determinar cómo se asignarán los beneficios cuando se produzcan por resultados en el ejercicio; no olvides incluir un escenario de distribución si deciden cerrar la empresa o terminar con la sociedad.

- **Deja siempre todo por escrito**

La documentación es una acción que debes tener presente cuando se realicen tareas, acuerdos y decisiones que se celebren con tu socio, además la firma es importante y esta práctica será de mucha utilidad para resolver futuros conflictos a medida que se vayan presentando.

- **Trata de que los aportes sean proporcionales**

    No es muy usual que un solo socio haga todo el aporte de capital en un 100% (son empresas con un socio capitalista y un socio intelectual), rara vez este tipo de empresa funciona bien; para los aportes en partes iguales, no está mal pero deben tener muy claro los acuerdos del negocio; lo más viable es que existan aportes en 51% y 49% en caso de que sean dos socios; lo que debes tener en cuenta es que el esfuerzo y la colaboración para sacar adelante el negocio si deben ser proporcionales al compromiso.

- **Es importante determinar los roles**

    En toda sociedad empresarial cada uno de los socios tiene asignado un rol, en unas ocasiones solo son accionistas, en otras suelen ser socio-director, o bien en otro escenario suelen formar parte del corazón de negocio ejecutando un rol operativo importante. Se debe determinar el rol, su responsabilidad y el beneficio de cada uno, esto evitará malos entendidos.

- **Comunicación y cooperación**

    Una comunicación fluida entre los socios es la mejor forma de evitar conflictos sin fundamento, además fomenta la cooperación directa para la gestión de las operaciones en la empresa; si esto se adopta como práctica común ya tienes buenos pronósticos para salir adelante.

- **Respetar el flujo financiero de tu negocio**

    El tema del dinero es muy sensible, en los negocios cada una de las operaciones deben estar documentadas adecuadamente, y con un buen nivel de detalle, un par de aspectos clave son: quien tendrá acceso al manejo de las cuentas y con que alcance; es importante resaltar que en malas prácticas muchos socios derrochan el dinero apartado para atender las futuras obligaciones con sus trabajadores, es importante acotar este punto para mantenerlo presente en el futuro.

CAPITULO 4

THE PILOT TEST
LA PRUEBA PILOTO
Probando antes de iniciar al 100%

THE PILOT TEST, LA PRUEBA PILOTO, Probando antes de iniciar tu negocio.

Antes de iniciar las operaciones es importante que realices un estudio de resultados reales de empresas, que ofrezcan bienes o servicios similares a lo que estás planificando; en muchas oportunidades se subestima la existencia de un plan, por el contrario, un proyecto empresarial no siempre va en buen camino si no tiene el soporte de un plan de negocio.

VERIFICACIONES PREVIAS DE TU NEGOCIO

Una idea mala nunca será parte de tu negocio, el punto es..., que siempre se deben evaluar las ideas y traducirlas al lenguaje de las cuentas poniendo especial atención al resultado obtenido. La actividad previa es importante ya que al planificar proyectamos las cuentas y sus resultados, esta debe ser una práctica muy común para no actuar solo por impulso, esto es útil para no incurrir en costos innecesarios; hace que tus operaciones se ejecuten de la forma más sana posible.

VIABILIDAD DEL OBJETIVO DE TU NEGOCIO

Antes de tomar una decisión es importante proyectarse en las circunstancias y en la esencia de tu objetivo, de esta manera se puede observar la probabilidad de poder llevarse a cabo. A ciencia cierta no se trata de ser un documento con predicciones, más bien es plasmar con sentido común los posibles escenarios y sus resultados. Hay negocios que no requieren de un local para dar inicio a sus primeras operaciones, se puede mencionar un servicio técnico a domicilio por dejar un ejemplo, este aspecto se debe tomar en cuenta ya que te evita incurrir en gastos innecesarios.

PLANIFICACIÓN DE TU NEGOCIO

Elaborar un plan de negocios es de suma importancia, se constituye como el mejor indicador de la ruta a seguir, el hecho de poder anticipar las ventajas y desventajas, se convierte en una acción que te acerca a las decisiones más acertadas para tu negocio; es determinante si deseas obtener el éxito en el menor plazo posible.

CAPITULO 5

THE LAUNCHING
EL LANZAMIENTO
Análisis previo del entorno de tu negocio

THE LAUNCHING, EL LANZAMIENTO, análisis previo del entorno de tu negocio.

Es importante que realices una revisión del plan de negocio antes del lanzamiento para afinar los detalles de las operaciones, te dejo los más importantes:

- **LA CLIENTELA**

    El estudio de tu target o de tu público objetivo, es una labor que te brinda una información inicial muy valiosa; un estudio de segmentos de mercado, de lo que ofreces y de tu posible clientela, te dará un escenario, aunque no es definitivo si es muy realista, si este estudio lo realizas directamente con tu equipo de trabajo podrás tener una idea de muchos manejos y gestiones del día a día para tu negocio.

- **TUS RECURSOS**

 Los recursos que sustenta a un negocio se pueden describir básicamente en tres factores:

   (1) Recursos Humanos,

   (2) Recursos físicos y

   (3) Recursos Financieros.

 El talento humano es la parte más importante, su perfil es determinante para el éxito de las operaciones. Los recursos físicos son los aparatos y máquinas que posee tu negocio y que son el medio de producción material para lograr tus objetivos. Las finanzas se constituyen como uno de los factores más importantes para poner en marcha el proyecto de tu negocio. Al analizar la capacidad de tus recursos, en esa misma proporción podrás determinar que alcance tendrá tu negocio, en operaciones, en producción, en distribución, en logística, capacidad de endeudamiento, entre otros.

- **EL ENTORNO**

  El entorno de tu negocio se determina principalmente con el mercado, trata de cómo se mueve tu rubro, pero también incluye la competencia; por lo tanto, es de suma importancia que se realice un estudio de mercado y un estudio de la competencia.

  El estudio de mercado puede ser algo sencillo, pero es clave para revisar tendencias y hacer proyecciones, es una valiosa herramienta sobre todo al momento de hacer alguna inversión en tu negocio.

  El estudio de la competencia, es útil para saber cómo está posicionado tu negocio, además con esta información puedes cuantificar y observar cómo se mueve lo que ofreces en el mercado y compararlo con tus competidores; profundizando en el detalle hacer un estudio continuo de la competencia te brinda la más valiosa información para aplicar en tu negocio, sin ánimos de copiar los movimientos de tu competencia, esta información te puede llevar a un crecimiento más adecuado, cuando observas los errores que cometen y decides aprender de ellos, así como ese aspecto podrás tener siempre presente debilidades, fortalezas, ventajas y desventajas; con esta práctica te estarás acercando al éxito de tu negocio.

- **EL MARCO DE ACCIÓN**

    Para poder existir como negocio se debe cumplir una serie de requerimientos de tipo legal, hacer los registros necesarios y obtener licencias de funcionamiento; una vez que se complete esta fase ya estás listo legalmente para arrancar el negocio.

    El otro extremo de la misma cuerda, es el marco socioeconómico donde se va a desarrollar la actuación de tu negocio, se trata de la clientela y del mercado, esto sumado a las medidas que emita el gobierno nacional, local o de la autoridad que regule directamente el rubro de lo que ofreces en tu negocio; todos estos aspectos son de vital importancia para que la puesta en marcha tenga los menores contratiempos posibles.

CAPITULO 6

STARTING
COMENZANDO
El momento para iniciar tu negocio

STARTING, COMENZANDO, el momento para iniciar tu negocio. El momento preciso para iniciar tu negocio llegará siempre y cuando estés atento al entorno, al ambiente, las condiciones, las temporadas y a todo tipo de factor que esté relacionado directamente con tu negocio; importante: no te adelantes, pero tampoco te atrases.

- **Observa tu segmento**

    Existen negocios que se mueven todo el año, no tienen temporadas están operando constantemente, otros rubros se mueven con las temporadas o las estaciones climáticas. Como anotamos antes, cuando observar a la competencia puedes visualizar con un buen detalle, en qué época es más productiva o tiene mejor actuación; debes tener en cuenta las temporadas; por ejemplo, no se mueven las ventas de motivos navideños a mitad de año, o a mediados de año escolar no se mueve el rubro de vacaciones y diversiones, estos son los detalles que debes analizar cuando observas el segmento de tu negocio.

- **Anticipa los escenarios de arranque**

Debes tener en cuenta que el papeleo para la constitución, registros y licencias de funcionamiento, tienen un tiempo de procesamiento, una vez que son solicitados cumplen sus plazos de elaboración hasta el momento en que son otorgados, estos plazos de gestión suelen variar de acuerdo al sistema de administración en cada país.

Toma en cuenta un periodo de prueba, en la prueba piloto (que es la primera vez que va funcionar tu negocio), presta especial atención a cada detalle, con el objeto de superar los vacíos que solo se pueden notar en plena operación, de esta manera te estarás preparando para ponerte en marcha a toda máquina. Importante que no olvides tu plan de negocio y repasar los posibles escenarios adversos para tomar la mejor decisión posible.

Muchas gracias por obtener este libro

Si tu lectura ha llegado hasta aquí, entonces estás listo para poner manos a la obra y **HACER TU PROPIO NEGOCIO**, te deseamos el mayor de los éxitos y mejor aún si requieres de apoyo para tus Proyectos, escribe a:

rduarte.edr@gmail.com

GLOSARIO

Capacidad de endeudamiento
La capacidad de endeudamiento es básicamente hasta donde cada uno de nosotros podemos endeudarnos sin correr riesgos de caer en la morosidad o en el impago. Es decir, más simplemente, lo mucho que podemos contraer deudas sin poner en peligro el pago de las mismas.
Fuente: https://laeconomia.com.mx/capacidad-de-endeudamiento/

Customizar
Customizar es un verbo que no forma parte del diccionario de la Real Academia Española (RAE) pero que, sin embargo, tiene un uso bastante frecuente en nuestra lengua. Se trata de una adaptación del término inglés customize, que refiere a modificar algo de acuerdo a las preferencias personales.
Fuente: https://is.gd/sfwdMh

Fidelización
Acción y efecto de fidelizar.
Fuente: https://dle.rae.es/fidelizaci%C3%B3n

Fidelizar
Conseguir, de diferentes modos, que los empleados y clientes de una empresa permanezcan fieles a ella.
Fuente: https://dle.rae.es/fidelizar?m=form

Franchaise viene del inglés, en español franquicia

Franquicia
(1). f. Exención que se concede a alguien para no pagar derechos por las mercaderías que introduce o extrae, o por el aprovechamiento de algún servicio público. (2). f. Concesión de derechos de explotación de un producto, actividad o nombre comercial, otorgada por una empresa a una o varias personas en una zona determinada. (3). f. Der. En el contrato de seguro, cuantía mínima del daño a partir de la cual surge la obligación del asegurador.
Fuente: https://dle.rae.es/franquicia?m=form

Franquiciado

1. adj. Titular de una franquicia (|| concesión). *Tienda franquiciada.* U. t. c. s
Fuente: https://dle.rae.es/franquiciado?m=form

Franquiciador

El franquiciador es una compañía que vende licencias para que otros comercialicen sus productos bajo el modelo de negocio original de la marca.
Fuente: https://economipedia.com/?s=franquiciador

Indicador

1. adj. Que indica o sirve para indicar. U. t. c. s. m.
Fuente: https://dle.rae.es/indicador?m=form

Indicador de calidad (KPI)

Los KPI (Key Performance Indicator), también conocido como indicador clave de rendimiento o indicador de calidad, son un conjunto de métricas que se utilizan con el objetivo de tener un conocimiento más amplio y detallado de las acciones que se están realizando para obtener unos datos medibles para poder comparar y decidir las acciones más eficaces a la hora de conseguir los objetivos iniciales propuestos.
Fuente: https://economipedia.com/?s=indicador

Junta de accionista

Se denomina accionista a aquel agente que sea propietario de acciones (partes alícuotas del capital) en cualquier sociedad o forma empresarial.

Junta general de socios

En el ámbito mercantil, la junta general de socios consiste en la reunión del capital social de una sociedad (representado por los socios) para la toma de una serie de decisiones establecidas legal o estatutariamente.
Fuente: https://economipedia.com/?s=junta+de+accionistas

Key points viene del inglés, en español puntos claves

Punto clave

El punto clave, o clave del éxito de Malcolm Gladwell, describe como comportamientos, tendencias de moda, productos, películas, pueden convertirse en populares en un periodo de tiempo relativamente corto. 26 May. 2016
Fuente: https://clck.ru/P39aW

Launching viene del inglés, en español lanzamiento

Lanzamiento

(1). m. Acción y efecto de lanzar o lanzarse. (2). m. En ciertos juegos de balón o de pelota, acción de lanzar la pelota para castigar una falta. (3). m. Promoción, puesta en conocimiento público de una persona o de un producto. (4). m. Dep. Prueba atlética consistente en lanzar el peso, el disco, el martillo o la jabalina a la mayor distancia posible. (5). m. Der. Despojo de una posesión o tenencia por fuerza judicial. (6). m. Mar. Proyección o salida que tiene el codaste por la popa, y la roda por la proa, sobre la longitud de la quilla.
Fuente: https://dle.rae.es/lanzamiento?m=form

Nicho

(1). m. Concavidad en el espesor de un muro, para colocar en ella una estatua, un jarrón u otra cosa. (2). m. Hueco practicado en un muro para alojar algo dentro, especialmente el que sirve para depositar cadáveres o sus cenizas en un cementerio.
Fuente: https://dle.rae.es/nicho?m=form

Qué es Nicho de mercado: El nicho de mercado es un pequeño segmento o grupo al cual se dirige el servicio o producto comercializado. El nicho de mercado es un término usado en mercadotecnia o marketing con el fin de determinar el tipo de mercado especializado al cual dirigirá su estrategia de marketing mis: producto, precio, distribución y comunicación.
Fuente: https://www.significados.com/nicho-de-mercado/

On Trending

La palabra Trending deriva del sustantivo trend, que significa 'tendencia', y la podemos traducir como 'lo que es tendencia'. Como tal, es una palabra inglesa que es muy usada en la actualidad para referirse a aquellos temas, eventos o acontecimientos que están marcando la pauta informativa del momento, bien sea por su repercusión, su trascendencia, su interés, su popularidad o, simplemente, porque están de moda. El término, como tal, comenzó a ser adoptado en el habla cotidiana de los hispanohablantes como

consecuencia del éxito de la plataforma de microblogging Twitter, en la cual se indica cuáles son los temas más comentados del momento o Trending topics.
Fuente: https://www.significados.com/trending/

Paradigma
(1). m. Ejemplo o ejemplar. (2). m. Teoría o conjunto de teorías cuyo núcleo central se acepta sin cuestionar y que suministra la base y modelo para resolver problemas y avanzar en el conocimiento. El paradigma newtoniano. (3). m. Ling. Relación de elementos que comparten un mismo contexto fonológico, morfológico o sintáctico en función de sus propiedades lingüísticas.
Fuente: https://dle.rae.es/paradigma?m=form

Partner viene del inglés, en español socio

Partnership viene del inglés, en español sociedad

Pilot test viene del inglés, en español Prueba piloto

Prueba piloto
Una prueba piloto, por lo tanto, es aquella experimentación que se realiza por primera vez con el objetivo de comprobar ciertas cuestiones. Se trata de un ensayo experimental, cuyas conclusiones pueden resultar interesantes para avanzar con el desarrollo de algo.
Fuente: https://clck.ru/P3A2j

Plan de negocio
El plan de negocios es un documento que describe, de manera general, un negocio y el conjunto de estrategias que se implementarán para su éxito. En este sentido, el plan de negocios presenta un análisis del mercado y establece el plan de acción que seguirá para alcanzar el conjunto de objetivos que se ha propuesto.26 mar. 2017
Fuente: https://clck.ru/P3A4u

Starting viene del inglés, en español Comenzando

Target

(1). Target es un término de la lengua inglesa que no forma parte del diccionario de la Real Academia Española (RAE). Sin embargo, suele usarse en nuestro idioma con referencia a un objetivo, una meta o un blanco. (2). La noción se emplea con frecuencia en el marketing y la publicidad. En este contexto, el target es el destinatario al que pretende llegar un servicio o un producto y sus correspondientes campañas de difusión.

Fuente: https://definicion.de/target/

www.ingramcontent.com/pod-product-compliance
Lightning Source LLC
Chambersburg PA
CBHW040241220526
45473CB00001B/329